ସ୍ୱଗତୋକ୍ତି

ସ୍ୱଗତୋକ୍ତି

ନୈବେଦ୍ୟ

ବ୍ଲାକ୍ ଇଗଲ୍ ବୁକ୍ସ
ଭୁବନେଶ୍ୱର, ଓଡ଼ିଶା
BLACK EAGLE BOOKS
Dublin, USA

ସ୍ୱଗତୋକ୍ତି / ନୈବେଦ୍ୟ

ବ୍ଲାକ୍ ଈଗଲ୍ ବୁକ୍ସ : ଭୁବନେଶ୍ୱର, ଓଡ଼ିଶା ● ଡବ୍‌ଲିନ୍, ଯୁକ୍ତରାଷ୍ଟ୍ର ଆମେରିକା

BLACK EAGLE BOOKS

USA address:
7464 Wisdom Lane
Dublin, OH 43016

India address:
E/312, Trident Galaxy, Kalinga Nagar,
Bhubaneswar-751003, Odisha, India

E-mail: info@blackeaglebooks.org
Website: www.blackeaglebooks.org

First International Edition Published by
BLACK EAGLE BOOKS, 2025

SWAGATOKTI
by **Naivedya**

Copyright © **Naivedya**

All rights reserved. No part of this publication may be reproduced, stored in a retrieval system, or transmitted, in any form or by any means, electronic, mechanical, photocopying, recording or otherwise without the prior permission of the publisher.

Cover & Interior Design: Ezy's Publication

ISBN- 978-1-64560-654-3 (Paperback)

Printed in the United States of America

ଉତ୍ସର୍ଗ

ଶ୍ରୀମା ଶ୍ରୀଅରବିନ୍ଦଙ୍କ ପାଦପଦ୍ମରେ
ବିନମ୍ର ପ୍ରଣତି ଓ କୃତଜ୍ଞତା ସହ

– ନୈବେଦ୍ୟ

ଅଗ୍ରଲେଖା

ସ୍ୱଗତୋକ୍ତି ନୈବେଦ୍ୟ ଙ୍କର ପ୍ରଥମ କବିତା ସଂକଳନ। ସେ ମୂଳରୁ ନିଜକୁ ଜଣେ କବି ବୋଲି ଜାଣି ନଥିଲେ ହୁଏତ, ଯଦିଓ ସେ କବିତାକୁ ଖୁବ୍ ଭଲ ପାଆନ୍ତି ଓ ଖୁବ୍ ପଢନ୍ତି। ତାଙ୍କ ସହିତ ବହୁ ବର୍ଷ ଧରି ମୁଁ ଅନ୍ତରଙ୍ଗ ଭାବରେ ସମ୍ପୃକ୍ତ, କାରଣ ତାଙ୍କର ପରିବାର ଓ ଆମ ପରିବାର ଏକ ହିଁ ଗୁରୁଙ୍କୁ ଗ୍ରହଣ କରିଛୁ। ମୋ ସହିତ ତାଙ୍କର ବିଶେଷ ସମ୍ପର୍କ ରହିଛି, ସର୍ଜନଶୀଳତା ଓ ବହି ପଢିବାର ଅଦମ୍ୟ ଆଗ୍ରହର ସାମ୍ୟ ହେତୁ।

ସେ ପ୍ରକୃତିର ପ୍ରେମିକ ଓ ପୂଜକ। ପ୍ରକୃତି ସହିତ ସେ ସମ୍ପୂର୍ଣ୍ଣ ଭାବରେ ମଗ୍ନ ହୋଇ ପାରନ୍ତି, ପ୍ରକୃତି ଭିତରେ ଲୀନ ହୋଇ ଯାଆନ୍ତି। ସମୁଦ୍ର, ଆକାଶ,ବଣ, ଜଙ୍ଗଲ, ସୂର୍ଯ୍ୟ, ନିର୍ଜନ ପ୍ରାନ୍ତ, ପାହାଡ, ଶୈଳନିବାସରେ ସେ ଏକା ଏକା ଦିନ ଦିନ ଧରି ରହି ପାରନ୍ତି।

ହଠାତ୍ ସେ କିଛି ବର୍ଷ ପୂର୍ବେ ମୋତ କହିଲେ ମୁଁ କବିତା ଲେଖୁଛି। ମୁଁ ତାଙ୍କୁ ଉତ୍ସାହିତ କରିଥିଲି। ଏ ପ୍ରେରଣାତ ସ୍ୱତଃସ୍ଫୁର୍ତ ଭାବରେ ଆସିଛି, ବେଶ୍ ଡେରିରେ, ବ୍ୟବହାରିକ ଜୀବନର,ଚାକିରୀ, ପରିବାରର ସମସ୍ତ ଦାୟିତ୍ୱ ସଫଳ ଭାବରେ ତୁଲାଇ ସାରିବା ପରେ, ଏ ସର୍ଜନ ଆକାଂକ୍ଷା ତାଙ୍କ ନିକଟକୁ ଅବତରଣ କରିଛି, କେଉଁ ଜଗତରୁ କିଏ ଜାଣେ। ତେଣୁ ସେ ତାକୁ ସ୍ୱୀକାର କରିବା ଉଚିତ ବୋଲି ମୁଁ ଭାବିଲି।

ଆଜି ମୋ ଆଗରେ ତାଙ୍କର ପ୍ରଥମ କବିତା ବହିର ପାଣ୍ଡୁଲିପି । ମୁଁ ଖୁବ୍ ଆନନ୍ଦିତ ଯେ ସେ ନିଜର କବିତ୍ୱକୁ ସ୍ୱୀକାର କରି ବହିଟିକୁ ପ୍ରକାଶିତ କରୁଛନ୍ତି। ଏ ବହିରେ ଛୋଟ ଛୋଟ ଷାଠିଏଟି କବିତା ରହିଛି। ତାଙ୍କର ଜୀବନ ପଥରେ ପିଲାଦିନୁ ଅନକ ସଂଘର୍ଷ ଆସିଛି। ସେ ସବୁକୁ ସାମ୍ନା କରୁ କରୁ ସେ ଶ୍ରୀ ଅରବିନ୍ଦ ଓ ଶ୍ରୀମାଙ୍କୁ ଗୁରୁ ଓ ମାର୍ଗ ଦର୍ଶକ ଭାବରେ ପାଇଛନ୍ତି ଓ ନିଜକୁ ସମ୍ପୂର୍ଣ୍ଣ ଭାବରେ ତାଙ୍କ ପାଖରେ

ଉତ୍ସର୍ଗ କରିଛନ୍ତି। ତଥାପି ବି ଜୀବନ ଓ ଭାଗ୍ୟ ତାଙ୍କୁ ବହୁ ଦାରୁଣ ଅଭିଜ୍ଞତା ଦେଇଛି ଓ ସେ ସବୁକୁ ଫାଙ୍କି ଦେଇ ନାହାନ୍ତି। ସେ ସବୁକୁ ବିଶ୍ଳେଷଣ କରିଛନ୍ତି, ଓ କିଛି ଦର୍ଶନ ପାଇଛନ୍ତି ଜୀବନକୁ ସେସବୁ ଅଭିଜ୍ଞତା ମଧ୍ୟ ଦେଇ ବୁଝିଛନ୍ତି।

ଏହି ଅବବୋଧ, ବୁଝାମଣା ମଧ୍ୟରୁ ଉଚ୍ଚାରିତ ହୋଇଛି ତାଙ୍କର

"ଦୂରନ୍ତ ଶିଖର, ଲକ୍ଷ୍ୟର ଝଲକ ଚାଲିବାର ଶକ୍ତି ହୁଏ ଦ୍ୱିଗୁଣିତ।

ଅନ୍ଧକାର ଯାଏ ଦୂରେ, ନୂତନ ଉଷାର ମାର୍ମିକ ପରଶେ।" (ଇଚ୍ଛା ମୃତ୍ୟୁ)।

ପ୍ରକୃତି ତାଙ୍କ କବିତାର ଏକ ପ୍ରମୁଖ ଅଂଶ। ପ୍ରକୃତିକୁ ନେଇ ଅନେକ କବିତା ଏଥିରେ ରହିଛି। କିନ୍ତୁ ବିଶେଷ ଭାବରେ ନୈବେଦ୍ୟ ତାଙ୍କର ଜୀବନର ଅନୁଭବକୁ କାବ୍ୟ ରୂପ ଦେଇଛନ୍ତି। ଯେତେବେଳେ ସେ ବାସ୍ତବତାର ନିଷ୍ଠୁରତାକୁ ସହ୍ୟ କରନ୍ତି, ସେତେବେଳେ -

"ହଠାତ୍ ଆଶୀଷ ରେଣୁ
ଝରି ଆସେ,
ନୀରବ ମୂହୁର୍ତେ
ଧୋଇନେଇ ସବୁ
ବେଦନାର ଦାଗ।।"

(ମରୁ ଗୋଲାପ)

ସେ ନିଜେ ଏକ ଉଚ୍ଚତର ଜୀବନର କଥା ଜାଣନ୍ତି, ଅଥଚ ଦେଖନ୍ତି ଏ ଜଗତର ସୀମାବଦ୍ଧତା। ତାଙ୍କର ଚେତନାର ଅନ୍ୟ ଗୋଟିଏ ସ୍ତରରେ କିନ୍ତୁ -

"ଅସୀମତା ଝରି ପଡେ
ସୀମିତତା ମଧ୍ୟେ।।" (ଉପସ୍ଥିତି)

ନୈବେଦ୍ୟ ଙ୍କର କବିତା ଗୁଡିକରେ ରହିଛି ଆଶାବାଦର ସ୍ପନ୍ଦନ। ଜୀବନକୁ ସେ ବିଫଳ ମନେ କରନ୍ତି ନାହିଁ। ହତାଶା ତାଙ୍କୁ ବାଧା ଦିଏ ନାହିଁ। ଜୀବନର ସମସ୍ତ ନିରାଶଜନକପରିସ୍ଥିତିକୁ ସେ ଅସ୍ତିବାଚକ ଅନୁଭବ ଦ୍ୱାରା ପୋଛି ଦେଇ ପାରନ୍ତି। କବିତା ତାଙ୍କର ଜୀବନର ପ୍ରତିବିମ୍ବ। ସେ ଚେଷ୍ଟା କରି, ଖ୍ୟାତି ବା ପ୍ରଶଂସା ପାଇବା ପାଇଁ ପରିଣତ ବୟସରେ କବିତା ଲେଖିବା ଆରମ୍ଭ କରି ନାହାନ୍ତି। କବିତାରେ ଚମକ ପାଇଁ ଅଧିକ ଚିତ୍ରକଳ୍ପ ମିଥ ବା ପ୍ରତୀକମାନଙ୍କୁ ଟାଣି ଓଟାରି ବ୍ୟବହାର କରି ନାହାନ୍ତି। ସେ ତାଙ୍କର ଗୋଟିଏ କ୍ଷଣର ଅନୁଭବର ଛୋଟ କବିତାଟିଏ ଲେଖି ପାରନ୍ତି।

ମଣିଷର ଅନେକ ବିକୃତି କୁ ସେ ବୁଝି ପାରନ୍ତି ନାହିଁ। ମଣିଷ କାହିଁକି ପ୍ରକୃତିକୁ ଧ୍ୱଂସ କରେ, ମଣିଷ କାହିଁକି ସ୍ୱାର୍ଥପର ହୁଏ, ଅପରକୁ ବିନା କାରଣରେ ଆଘାତ

କରେ ? ଏସବୁ ପ୍ରଶ୍ନ ତାଙ୍କୁ ବ୍ୟଥା ଦିଏ, ବେଦନା ଦିଏ। ତାହା ଭିତରେ ବି ସେ ମୁଣ୍ଡ ଉଠାଇ ବାଟ ଚାଲନ୍ତି।

ନୈବେଦ୍ୟ ଆହୁରି ଅନେକ କବିତା ଲେଖିଛନ୍ତି ଓ ଲେଖିବେ ମଧ୍ୟ। ପର୍ଯ୍ୟାୟ କ୍ରମେ ସେସବୁ ପ୍ରକାଶ ପାଇବ। ସେ ନିଜର ଏକ ସ୍ୱତନ୍ତ୍ର କବି ପରିଚୟ ନିଶ୍ଚୟ ସୃଷ୍ଟି କରିବେ। ତାଙ୍କର ଆଧ୍ୟାତ୍ମିକ ଉପଲବ୍ଧି ତାଙ୍କୁ ସାହାସ, ବିଶ୍ୱାସ ଓ ଆଶ୍ୱାସ ଦେଇଛି। ତାଙ୍କରି କବିତାର ଧାଡିଟିଏ ଦେଇ ମୋର ସାମାନ୍ୟ ବକ୍ତବ୍ୟ ଶେଷ କରୁଛି।

"ଆସୁ ଯେତେ ଝଡ, ଘନ ଅନ୍ଧକାର, ତଥାପି ଡରିବି ନାହିଁ।
ସାହାସର ସହ ହେବି ସମ୍ମୁଖୀନ ତୁମରି ନାମକୁ ନେଇ।" (ପ୍ରାର୍ଥନା)

ମମତା ଦାଶ
ଭୁବନେଶ୍ୱର
ତା : ୧୧.୦୧.୨୦୨୫

(ଶ୍ରୀମତୀ ମମତା ଦାଶ ଓଡିଶାର ଖ୍ୟାତନାମା ଓ ପ୍ରତିଷ୍ଠିତ କବି ତଥା ଓଡିଶା ସାହିତ୍ୟ ଏକାଡେମୀ ପୁରସ୍କାର, ଭାରତୀୟ ଭାଷା ପରିଷଦ ଜାତୀୟ ପୁରସ୍କାର ଓ ଅନ୍ୟାନ୍ୟ ସମ୍ମାନନୀୟ ଅନେକ ପୁରସ୍କାର ପ୍ରାପ୍ତ କବି, ଲେଖିକା, ସମାଲୋଚିକା ଏବଂ ଗବେଷିକା।)

କୃତଜ୍ଞତା

କବିତା ପ୍ରତି ଅନୁରାଗ ବାଲ୍ୟକାଳରୁ। ଘରେ ପଢାଯାଉଥିବା ଭାଗବତ ଦାର୍ଢ୍ୟତା ଭକ୍ତି ଓ ରାମାୟଣ ପଠନ ଶୁଣି ଶୁଣି ମନ ଯେପରି କାବ୍ୟ କବିତା ଆଡକୁ ସ୍ୱତଃ ଆକୃଷ୍ଟ ହୋଇଥିଲା। ବିଦ୍ୟାଳୟର ଛାତ୍ରାବସ୍ଥା ସମୟରେ କିଛି କବିତା ଆକାଶ ବାଣୀରେ ପଠିତ ହେବାର ସୁଯୋଗ ମିଳିଛି। ଏତଦ୍ ବ୍ୟତୀତ ବିଭିନ୍ନ ଆଧ୍ୟାତ୍ମ୍ୟ ଧର୍ମୀ ପତ୍ର ପତ୍ରିକାରେ ମଧ୍ୟ କିଛି କବିତା ପ୍ରକାଶିତ ହୋଇଅଛି। ଏହା ପରେ ପରେ ନିଜର ଭାବନା ଗୁଡିକୁ ସମ୍ପୂର୍ଣ୍ଣ ଭାବରେ ନିଜ ଭିତରେ ରଖିବାକୁ ନିଷ୍ପତି ନେଇଥିଲି। ଏହିପରି ଅନେକ ବର୍ଷ କଟିଗଲା। ପ୍ରାୟ ତିନି ବର୍ଷ ପୂର୍ବେ ସଂଯୋଗ କ୍ରମେ ଅନୁଜ-ପ୍ରତିମ ଅଧ୍ୟାପକ ବନ୍ଧୁ ଶ୍ରୀ ଅନନ୍ତ କୁମାର ଗିରି କବିତା ଲେଖା ପ୍ରତି ଥିବା ମୋର ଆଗ୍ରହର ସୂଚନା ପାଇଥିଲେ। ତାଙ୍କର ଅନୁରୋଧ ଅନୁସାରେ କବିତା ଲେଖିବା ପରେ ସେସବୁକୁ ସାଇତି ରଖିବାକୁ ସ୍ଥିର କଲି।

ଏବେ 'ବ୍ଲାକ୍ ଈଗଲ୍ ବୁକ୍ସ' ପ୍ରକାଶନ ସଂସ୍ଥାର ମୁଖ୍ୟ, ସମ୍ମାନନୀୟ ସତ୍ୟଭାଇଙ୍କ ଅନୁମୋଦନ ସହିତ ପ୍ରଥମ କବିତା ପୁସ୍ତକ ''ସ୍ୱଗତୋକ୍ତି'' ଆଜି ଆଗ୍ରହୀ ପାଠକ ମାନଙ୍କ ପାଖକୁ ଆସିବାର ସୁଯୋଗ ଆସିଛି। ସର୍ବ ପ୍ରଥମେ ସମ୍ମାନନୀୟା ଓଡିଶାର ଅନ୍ୟତମ ପ୍ରତିଷ୍ଠିତା କବି ଓ ଲେଖିକା ଶ୍ରୀମତୀ ମମତା ଦାଶ (ମମତା ଅପା) ଙ୍କର ପ୍ରେରଣା ତଥା 'ଅଗ୍ରଲେଖା' ନିମନ୍ତେ ତାଙ୍କ ପାଖରେ ଚିର ଋଣୀ ହୋଇ ରହିବି। ଏତଦ୍ ବ୍ୟତୀତ ଶ୍ରଦ୍ଧେୟା ସହଧର୍ମିଣୀ ବାସନ୍ତୀ, ସ୍ନେହର ପୁତ୍ର ଅରୋ ଶାଶ୍ୱତ ଓ ସ୍ନେହାଧୀନା କନ୍ୟା ମୀରା ପ୍ରତୀକ୍ଷାଙ୍କର ଆନ୍ତରିକ ସହଯୋଗ ଉଲ୍ଲେଖଯୋଗ୍ୟ। ଏଥିସହ ପାଣ୍ଡୁଲିପି ପ୍ରସ୍ତୁତିରେ ଯେଉଁ ମାନଙ୍କର ସହାୟତା ଦ୍ୱାରା ଏ ପୁସ୍ତକ ପ୍ରକାଶନ ସମ୍ଭବ ହୋଇପାରିଛି,ସେମାନଙ୍କୁ ଆନ୍ତରିକ ସଦିଚ୍ଛା ଜଣାଉଛି।

ଭୁବନେଶ୍ୱର
ମକର ସଂକ୍ରାନ୍ତି
ତା : ୧୪.୦୧.୨୦୨୪

ବିନୀତ
ନୈବେଦ୍ୟ

ସୂଚିପତ୍ର

ସ୍ୱଗତୋକ୍ତି	୧୫
ଅନନ୍ତ	୧୬
କାଳଚକ୍ର	୧୭
ଗଭୀରତା	୧୮
ବେଳ	୧୯
ସର୍ତ୍ତ	୨୦
ସମସ୍ୟା	୨୧
ଶୈଶବ	୨୩
ରାଧାଚୂଡା	୨୪
ଖେଳ	୨୫
ବିଭାଜିତ	୨୬
ଆଶା	୨୭
ପ୍ରାର୍ଥନା	୨୮
ସାନ୍ଧ୍ୟ ଭାବନା	୨୯
ଦିବ୍ୟ ଶିଶୁ	୩୧
ନଦୀ	୩୨
ତପସ୍ୟା	୩୩
ବିଭାଜନ	୩୪
ଚିଠି	୩୫
ମନ୍ତ୍ର	୩୬
ନିୟତି	୩୭
ଶ୍ୱେତ ବାଦଲ	୩୮
ପ୍ରତୀକ୍ଷାଳୟ	୩୯
ଉଦାସୀନତା	୪୦
ଇଚ୍ଛା ମୃତ୍ୟୁ	୪୧
ମରୁଗୋଲାପ	୪୨
ସକାଳ ଓ ସନ୍ଧ୍ୟା	୪୩
ପ୍ରତିକ୍ରିୟା	୪୪
ଉପସ୍ଥିତି	୪୫

ସ୍ୱର	୪୬
ବ୍ୟଥା	୪୭
ବିଳାପ	୪୮
ଭସା ମେଘ	୫୦
ଆସକ୍ତି	୫୧
ଝଡ	୫୨
ବ୍ୟସ୍ତତା	୫୩
ଦେବଦାରୁ	୫୪
କୁସିନାରା	୫୫
ଉଦାସୀନ ପଥ	୫୬
ଉର୍ମି	୫୭
ସମୀର ସଙ୍ଗୀତ	୫୮
ସମ୍ପର୍କ	୬୦
ପ୍ରତିଶ୍ରୁତି	୬୨
ବହୁଦୂର ନିରଞ୍ଜନା	୬୩
ନିରବ ମୁହୂର୍ତ୍ତ	୬୪
ତୁମେ	୬୬
ପ୍ରିୟ ଗାଁ	୬୭
କାଶତଣ୍ଡୀ	୬୯
ଆକାଶ ଅନୁରାଗ	୭୧
ମୌନ ଅପରାହ୍ନ	୭୩
ମୃଗତୃଷା	୭୫
ସଂକ୍ଷିପ୍ତ ଭାବନା	୭୭
ଚିଲିକା ଚିନ୍ତନ	୭୯
ମୁହୂର୍ତ୍ତ	୮୧
ଭଗ୍ନପ୍ରାଣ	୮୩
ଆହ୍ୱାନ	୮୫
ନିଃସଙ୍ଗ ପଥିକ	୮୭
ବେଳାଭୂମି	୮୮
ଲକ୍ଷ୍ମଣରେଖା	୯୦

ସ୍ୱଗତୋକ୍ତି

ସ୍ୱଗତୋକ୍ତି ଆସେ ନେଇ
ନିରବତାର ସନ୍ଦେଶ
ଅନ୍ତର ଆବିଷ୍କାରର
ଅଭିନବ ସୂତ୍ର କେତେ ॥

ବିଶ୍ୱ ଓ ବିଶ୍ୱାତୀତର
ଭେଦିବାକୁ ରହସ୍ୟ
କେବେ ହୁଏ ଦୃଶ୍ୟମାନ
ବିନ୍ଦୁ ମଧ୍ୟରେ ସିନ୍ଧୁ
କିମ୍ୱା ସିନ୍ଧୁ ଯାଏ ହୋଇ
ପୂର୍ଣ୍ଣତାର ପ୍ରତୀକ,
ଧରିତ୍ରୀ, ଆକାଶ ଏବଂ
ଅନ୍ତରୀକ୍ଷ ଛୁଇଁ ॥

ଅନନ୍ତ

ଯାଏ ହୋଇ ଅନ୍ତ
ଜିଜ୍ଞାସା ସକଳ
ପାଏ ନାହିଁ ଖୋଜି
ଅନନ୍ତର ଅର୍ଥ ।।

ପ୍ରାରମ୍ଭର ସୂତ୍ର
ଏକାନ୍ତ ଜଟିଳ,
କେଉଁଠି ଯାଇଛି ହଜି
ହେଉନାହିଁ ଜାଣି
ତୁମରି ରହସ୍ୟ ।।

ସୃଷ୍ଟି ସ୍ଥିତି ପ୍ରଳୟର
ପୁସ୍ତକ ପଠନ
ଯାଏ ହୋଇ ଶେଷ
ପୁନଶ୍ଚ ଆରମ୍ଭ
ତଥାପି ଅଦୃଶ୍ୟ ।।

କାଳଚକ୍ର

କାଳଚକ୍ରର ଘୂର୍ଣ୍ଣନ ମଧ୍ୟରେ
ଜଣା ନାହିଁ କେତେ ଦୂର
ଆସିଅଛି ଅଦ୍ୟାବଧି ।।

ଆଉ କେତେ ବାଟ
ରହିଅଛି ଲକ୍ଷ୍ୟସ୍ଥଳ
ଏ ହିସାବ ରଖିବାର
ନାହିଁ କିଛି ଅର୍ଥ ।।

କେଉଁ ଫୁଲର ସୁବାସ
ଫଳର ଆକୃତି ମଧ୍ୟରେ
ଯାଇଅଛି ପାଇ
ଅନ୍ତରର ଅନେକ ରହସ୍ୟ ।।

ଜୟ ପରାଜୟ କଥା
ପଚାରେ ନାହିଁ
ସମୟ କେବେ
ତା ସହିତ ତାଳ ଦେଇ
ଅନ୍ୱେଷଣ ର ଆନନ୍ଦ
ଦେଇଥାଏ ଚାଲିବାର ରାହା ।।

ଗଭୀରତା

ସରଳରେଖାରେ ଚାଲିବାର
ସଂକଳ୍ପ ମଧ୍ୟରେ
ପୁଣି କେବେ ଭାବି ବସେ
ହେବା ପାଇଁ ଏକାନ୍ତ ନିମଗ୍ନ
ଗଭୀରତାର ସାଗର ମଧ୍ୟରେ ॥

କେତେ ଜ୍ଞାନ
ରହସ୍ୟର ଚାବିକାଠି
ନିଜ ଭିତରେ ଥାଇ,
ଗ୍ରନ୍ଥାଳୟର ଅଭିମୁଖୀ
ହେବାର ଅଭ୍ୟାସ
ହୋଇଯାଏ ଶିଥିଳ
ସମୟ କ୍ରମରେ ॥

ବେଳ

ବେଳ ଅଛି ମନେ ନାହିଁ
ମନେ ଅଛି ବେଳ ନାହିଁ
ସାଂସାରିକ ସମ୍ପର୍କ ସବୁ
ଏଇମିତି ଛକାପଂଝାରେ ରହିଥାନ୍ତି ।।

ଯେତେବେଳେ ସୂର୍ଯ୍ୟ
ଅସ୍ତଗାମୀ ହେବାକୁ ଲାଗନ୍ତି,
ପ୍ରାର୍ଥନା ଓ ଅନୁଶୋଚନାର
କରିବାକୁ ଆୟୋଜନ
ପଡିଯାଏ ମନେ ।।

କେଉଁ ତରୁଲତା
ଜୀବଜନ୍ତୁ ମାନଙ୍କଠୁ
କ'ଣ ଶିଖିଲି କ'ଣ ପାଇଲି
ତର୍ଜମାରେ ବିତିଯାଏ
ନିଦ୍ରିତ ରଜନୀ ।।

ସର୍ତ୍ତ

କିଏ ବା କାହିଁକି ଦେବ ନିରବ ସମ୍ମତି
ଚାଲିବାକୁ ନିସର୍ତ୍ତରେ
ଅଜ୍ଞାତ ଅରଣ୍ୟରେ
ହୋଇ ଲକ୍ଷ୍ୟହୀନ ॥

ସମୟ ବୁଝେନା କିଛି
ଆମ ନିର୍ବୋଧତା
ଅଭିଯାନ ସବୁ ହୁଏ ବ୍ୟର୍ଥ,
ଅନୁଶୋଚନାର ଲହରୀ ସହିତ ॥

ସମୟକୁ ନେଇ
ହୁଏ ଚାଲିବାକୁ
ଅନେକ ଦୂରକୁ
ଏକମାତ୍ର ବତୀଘର
ଧ୍ରୁବତାରା
ଘନ ଅନ୍ଧକାରେ ॥

ସମସ୍ୟା

ସମୟ ଯାଏ ଅଟକି
ସମସ୍ୟା ମେଳରେ
କେବେ ପୁଣି
କଡ ଲେଉଟାଏ
ଦୁର୍ଭାଗ୍ୟରୁ ସୌଭାଗ୍ୟ ଆଡକୁ ।।

ନଦୀପଠାର କାଶତଣ୍ଡି ଫୁଲ ପରି
ଉଡେଇଯାଏ ଶରତର
ମାର୍ମିକ ଉତ୍ସବ
ଖୁବ୍ ମନେ ପଡେ
ସେଇ ଶୂନ୍ୟ ପଠା
କଳ୍ପନାର ଝରକା ଫାଙ୍କରେ ।।

ଆଜି କିନ୍ତୁ ଲାଗେ ଖାଲି ଖାଲି
ପୂନେଇ ଜହ୍ନକୁ ଖୋଜି
ଧାଇଁ ଯାଏ ପରିତ୍ୟକ୍ତ
ମନ୍ଦିର ଆଡକୁ ।।

ସାକ୍ଷାତ କରି ପ୍ରେତାତ୍ମା ମାନଙ୍କୁ
ଜିଜ୍ଞାସାର କରେ ଉତ୍ଥାପନ ।।

ଉଙ୍କିମାରେ ସଂଧ୍ୟାତାରା
ଆଶ୍ୱାସନାର ପ୍ରଦୀପ ଜଳାଇ
ଅସ୍ତରାଗ ଲିଭିଯାଏ
ଦୂର ଉପତ୍ୟକାର
ସଂଯୋଗ ସ୍ଥଳୀରେ ॥

ଶୈଶବ

ଜନ୍ମଦାତ୍ରୀ ପାଖରେ
ଶୈଶବର ଅର୍ଥ
ସ୍ନେହର ପରଶ
ମୂହୁର୍ତ୍ତକୁ କରେ ଆମୋଦିତ
ସ୍ମିତ ହାସଟିଏ ।।

ଆହ୍ୱାନ ସବୁ କେବେ
ପରିପକ୍ୱ ହୋଇଉଠେ
ଅନୁଭୂତିର ପସରା ମଧ୍ୟରେ ।।

ଖୋଜିବାକୁ ହୁଏ
ମମତାର ଅର୍ଥ
କର୍ତ୍ତବ୍ୟ ର ଅଭିଧାନ ନେଇ ।।

ଏ ଧରିତ୍ରୀ ବି
ସମସ୍ତଙ୍କ ଜନନୀ ଭାବରେ
ଭାଙ୍ଗିପଡେ କେବେ କେବେ
ଆମ ସମସ୍ତଙ୍କ
ଦାବି ଆଉ ଅଜ୍ଞତାର
ଗୁରୁ ଭାର ନେଇ ।।

ରାଧାଚୂଡା

ଆତ୍ମୀୟତାର ହାତ ବଢାଇ
ଆଣିଦିଏ କେତେ ଯେ ଉତ୍ସାହ
ସ୍ୱପ୍ନ ସବୁ ହୋଇଉଠେ
ସୁନା ଫୁଲ
ଚାଲିବାର ପଥ
ସୁଷମା ମଣ୍ଡିତ
ଧୀର ସମୀର ପରଶେ
ଯାଏ ଖୋଲି ତୀବ୍ରତାର ଦ୍ୱାର ।।

କିଏ କେତେ ଭାବେ
ଖୋଜି ବୁଲେ ତୁମରି ସାନ୍ନିଧ୍ୟ
ଅନ୍ତରର ବ୍ୟଥା ସବୁ
ତୁମ ପାଶେ ଦେବା ପାଇଁ ଭେଟି ।।

ଖେଳ

ଦୂର ପାହାଡ ଭସା ମେଘର
ଦୃଶ୍ୟ ମଧ୍ୟରେ
ନିଜକୁ ଖୋଜିବାର
କୁତୁହଳ ଖେଳ
ନେଇଯାଏ କେବେ
ଇଗଲଟିଏ ପରି
ଶିଖର ଦେଶକୁ ॥

ଭୟ ମାନେ
ଉଭେଇ ଯାଆନ୍ତି
ଦୁର୍ବଳତା ଯେତେ
ଶକ୍ତିମାନ ସାହାସ ହୋଇ
ଅଗ୍ରଗତିର ଧ୍ୱଜା ଉଡାଇ
ଆଗକୁ ଆସନ୍ତି ଶୁଭେଚ୍ଛା ସହିତ ॥

ବିଭାଜିତ

ବିଭାଜିତ ହେବାର ଦୁର୍ଗତି
ନେଇଯାଏ,
ଲକ୍ଷ୍ୟଠାରୁ ଲକ୍ଷ୍ୟ ଯୋଜନ ଦୂର
ନିଶାର୍ଦ୍ଧରେ ଘୋଟିଆସେ
ଅନୁଶୋଚନା ବାଦଲ
କ୍ଲାନ୍ତି କରନ୍ତି ମେଳି
ଉଷା ପ୍ରତୀକ୍ଷାରେ ।।

ଯୋଗ ବିଯୋଗ ଗୁଣନ
ଓ ହରଣର ଅଙ୍କକଷା
ଲାଗିରହେ ପଥ ଚାରିପାଇଁ
ପ୍ରତି ମୂହୁର୍ତ୍ତରେ ।।

ଆଶା

ଭାଙ୍ଗି ଭାଙ୍ଗି ଯାଉଥିବା ଆଶା
ମାନଙ୍କୁ ଗୋଟାଇ ଗୋଟାଇ
ହୁଏ କେବେ କ୍ଲାନ୍ତ
କିମ୍ବା ମର୍ମାହତ।.

ଆକାଶ ବଢାଇ ଦିଏ
ସେଇ ନିତ୍ୟ ନୂତନ
ଉଦାସୀନତାର ଚାଦର ଟିଏ,
ରଖିବାକୁ ସାଇତି
ଅଦମ୍ୟ ଆଶାର
ଶାଶ୍ୱତ ବୀଜ ଯେତେ
ଯାହା ନେଇଯିବ
ଦୂର ବନାନୀ ଆଡକୁ।।

ବନ ପକ୍ଷୀଟିର
କାକଳି ମଧ୍ୟରେ
ବଦଳି ଯିବ
କଳା ବାଦଲର ଭୟ
ବରଷି ଆସିବ
କରୁଣାର ବାରିଧାରା।

ପ୍ରାର୍ଥନା

ତୁମେ ତ ଦେଇଛ ଯେତେକ ବେଦନା
ଏଇ ମୋ ଜୀବନ ପଥେ,
ତଥାପି ଶୁଖେନା ଏ ଆଖିର ଅଶ୍ରୁ
ସହିବି ଆଉ ମୁଁ କେତେ ।।

କିଏ ଜାଣିଥିଲା ଜୀବନଟା ଖାଲି
ମରୁ ମରିଚୀକା ଭରା
ପଦେ ପଦେ ମୋର କେତେ ଚୋରା ବାଲି
ହୁଏ କେବେ ପଥ ହରା ।।

ପାଶେ ଥାଇ ତୁମେ ହୁଅ ଆଢୁଆଳ
ଶୁଣ ନା ଡାକିଲେ ଯେତେ ।।

ଆସୁ ଯେତେ ଝଡ
ଘନ ଅନ୍ଧକାର ତଥାପି
ଡରିବି ନାହିଁ
ସାହାସର ସହ
ହେବି ସମ୍ମୁଖୀନ
ତୁମରି ନାମକୁ ନେଇ ।।
ଲଂଘି ଯିବି ଯେତେ ଦୁର୍ଗମ ଗିରି
ତୁମେ ଅଛ ସଦା ପାଖେ ।।

ସାଂଧ୍ୟ ଭାବନା

ସଂଧ୍ୟାର ଆଗମନ
ନେଇ ଆସେ ଭାବନାରେ
ବିଭିନ୍ନ ବିଭାବ ॥

ଜୀବନ ଜଗତ, ଚଳାପଥ
ପ୍ରସ୍ତୁତିର କେତେ ପ୍ରସ୍ତ
ଯାଏ ଖୋଲି ଖୋଲି ॥

ମନକୁ ନୀରବ କରି
ଆକାଶର ନୀଳିମା ମଧ୍ୟରେ
ହଜିବାର ଉପକ୍ରମ
ହୁଏ ନାହିଁ ବ୍ୟର୍ଥ ॥

ସୂର୍ଯ୍ୟ ଯେବେ ଯାଏ ଲୁଚି
ଆଖି ସାମନାରୁ
କିଏ ଦିଏ ଜାଳି ଆଲୋକ ମଶାଲ
ଅନ୍ତର ମଧ୍ୟରୁ ॥

ସେହି ଆଲୋକର ସାହାରା ସହିତ
ଖୋଜିବାକୁ ହୁଏ
ଯେତେ ଗଭୀରତା ॥

ନିଃସଙ୍ଗତା ଆସେ ଧାଇଁ
କରିବାକୁ ଅସ୍ତବ୍ୟସ୍ତ
ଫିଙ୍ଗିଦେଇ ଅନାବନା
ଭାବା ବେଗ ଯେତେ
ଖୋଜି ଚାଲେ ସେହି
ଯାଦୁକରୀ ସପନ ରାଇଜ ॥

ଦିବ୍ୟ ଶିଶୁ

କିଏ ତୁମେ ଦିବ୍ୟ ଶିଶୁ
ସହାସ୍ୟ ବଦନେ
ଆଣିଦିଅ ମନେ ପ୍ରାଣେ
ଅପୂର୍ବ ଆନନ୍ଦ
ଚାଲିବାର ସଂକଳ୍ପଟି
ହୋଇଉଠେ ଆହୁରି ଦୁର୍ବାର
ଭାସିଉଠେ ନୀଳ ଦିଗ୍‌ବଳୟ
ଦୂରନ୍ତ ଶିଖର
କହିଯାଏ ସୁସ୍ପଷ୍ଟ ଭାଷାରେ
ଦିବ୍ୟ ରଙ୍ଗ ଦେଇ
ସତ୍ୟ ର ସନ୍ଦେଶ ॥

ନଦୀ

କିଏ ଖୋଜେ ନିରଂଜନା
ଆଉ କିଏ ଜାହ୍ନବୀର ତଟ
କଳ୍ପନାରେ କରେ ସନ୍ତରଣ
ମନ ମୀନ ଭାବନାର
ନଦୀର ଜଳରେ ।।

ସାଗର ସନ୍ଧାନୀ ମନ
ଖୋଜିବୁଲେ କେତେ ଉତ୍ସ
ସଙ୍କଳ୍ପ ସହିତ ।।

ସେ ନଦୀର ପ୍ରବାହରେ
କେତେ ବୃଷ୍ଟି ବିନ୍ଦୁ
ପୁଣି ଶୁଷ୍କ ବାଲି କିମ୍ବା
ନାଉରୀର ଗୀତ ।।

ତପସ୍ୟା

କେତେ କୃଚ୍ଛ୍ରତା ପୁଣି
ତ୍ୟାଗ ଓ ନିଷ୍ଠାର ଯଜ୍ଞ ବେଦୀ
ନିଜକୁ ଦେଇ ଦେବାର
କଠୋର ସଙ୍କଳ୍ପ
କରିଥାଏ ତପସ୍ୟାର
ପଥଟି ସୁଗମ ।।

ବିରୋଧ ଓ ବିରୋଧାଭାସର
ପରୀକ୍ଷାରେ ଉତୀର୍ଣ୍ଣ ହେବାକୁ
କିଏ କରେ ତପସ୍ୟା
ଆଉ କିଏ ବାଛିନିଏ
ସମର୍ପଣ ମାର୍ଗ ।।

ବିଭାଜନ

ବିଭାଜିତ ନହେଉ,
ଏ ସୁନେଲୀ ସକାଳ
ଆଲୋକର ଆବାହନ ସାଥେ
ଦିନଚର୍ଯ୍ୟା ଗଢିଚାଲୁ
ନିଷ୍ଠାର ଶକ୍ତି ନେଇ
ଉତ୍ତୁଙ୍ଗ ଶିଖର ଆଡକୁ ।।

କେତେ ଯେ ଆହ୍ୱାନ
କେତେ ଆକର୍ଷଣ
ତୃଟି ଦୁର୍ବଳତା ଯେତେ
ପଥଚଲା କରନ୍ତି ବିଳମ୍ବ,
ତଥାପି ସଂକଳ୍ପ ସାଥେ
ଚାଲିବାକୁ ନାହିଁ
ତିଳେ ହେଲେ କୁଣ୍ଠା ।।

ଚିଠି

ଲମ୍ବା ଚିଠି ଟିଏ
ସମୟ ପାଖରୁ,
ଖୋଲିବାରେ ବିତିଗଲା
ଅନେକ ମୁହୂର୍ତ୍ତ ॥

ଭିତରର ଲିପି ସବୁ
ଏକାନ୍ତ ଦୁର୍ବୋଧ୍ୟ
ପଢ଼ିବାକୁ କଲି ଶତ ଚେଷ୍ଟା
ପାରିଲି ଅଳପ ବୁଝି,
ଆଉ କିଛି ଏପର୍ଯ୍ୟନ୍ତ
ରହିଛି ଗହନ ॥

କେତେ ଯେ ସାଙ୍କେତିକ ଚିହ୍ନ
ପ୍ରଶ୍ନବାଚୀ ସୁକ୍ଷ୍ମ ବିବରଣୀ
ବୁଦ୍ଧି ପାଇଁ ଲାଗେ ଅପହଂଚ ॥

ମନ୍ତ୍ର

କିଛି ମନ୍ତ୍ର ଘୋଷି ଘୋଷି
ହୋଇଯାଏ ମୁଖସ୍ଥ
କିନ୍ତୁ ପଡେନା ଅସର ॥

ଆଉ କେତେ ମନ୍ତ୍ର
ସ୍ୱତଃ ନିଶ୍ସୃତ ହୁଏ
ଅନ୍ତର ମଧ୍ୟରୁ
ଖୋଲିଦିଏ ଦ୍ୱାର
ତମସାର ଆଚ୍ଛାଦନ ଭେଦି ॥

ବିଶୁଦ୍ଧ ମଶାଲ ପରି
ବଳବାନ କରିଥାଏ
କ୍ଷଣ ଅନୁକ୍ଷଣ ॥

ନିୟତି

କିଏ କହେ ନିୟତି ନିର୍ଦ୍ଦିଷ୍ଟ
ନିତିଦିନର ସ୍ୱପ୍ନ ନେଇ
ଗଢିବାକୁ ମୀନାର
ପ୍ରୟାସ ଯେବେ
ହୁଏ ଧୂଳିସାତ
ନିୟତି ନିର୍ଦ୍ଦିଷ୍ଟ ବୋଲି
ଭାବିବାଟା ହୁଏ ନାହିଁ
ସଠିକ ଉତ୍ତର ॥
ନିୟତି କୁ ମନାଇ ପାରିଲେ
ଜୀବନର ମୋଡ ସବୁ
ବଦଳି ଯାନ୍ତି,
ବହି ଯାଏ କେତେ ଯେ ନିର୍ଝର
ମରୁସ୍ଥଳୀ ମଧ୍ୟେ
ସୃଷ୍ଟି ହୁଏ ମରୁଦ୍ୟାନ ଶୋଭା ॥

ଶ୍ୱେତ ବାଦଲ

ଶ୍ୱେତ ବାଦଲ
ଓ ନୀଳ ଆକାଶ
ଆସେ ଓହ୍ଲାଇ
ଅଶ୍ୱତ୍‌ଥ ଶିଖର ଛୁଇଁ ॥

ଉଦାସୀନତାର ଆସ୍ତରଣ ନେଇ
କିଏ ଯେପରି କହିଯାଏ
ଆଗାମୀ ଦିନର କଥା ॥

ଅତୀତ ଓ ଭବିଷ୍ୟତ
ପରିଚୟ ମିଳିଯାଏ
ବର୍ତ୍ତମାନର
ଏକାଗ୍ର ମୂହୁର୍ତ୍ତେ ॥

ପ୍ରତୀକ୍ଷାଳୟ

ନିଃସଙ୍ଗତା ସହିତ
ବିମାନ ବନ୍ଦର ପ୍ରତୀକ୍ଷାଳୟ
ଆଶାର ଆକାଶ ଆଗରେ
କ୍ଷିପ୍ର ମନ୍ଥରତା ନେଇ
କେତେ ଯାତ୍ରୀ ସମାଗମ ।।

କିଏ ଜଣେ ଭିତରୁ କହେ
ଏ ସବୁର ଊର୍ଦ୍ଧ୍ୱକୁ ଯାଅ
ନିରୀକ୍ଷଣ କରିବାକୁ
ନିଜକୁ ଭଲରେ ।।

ଯେବେ ହେବ ପ୍ରସ୍ଥାନ ସମୟ
ଉଡି ଯିବାକୁ ସ୍ୱଚ୍ଛନ୍ଦେ ।।

ଉଦାସୀନତା

ଉଦାସୀନତାର କେତେ ଅର୍ଥ
କେତେ ବ୍ୟାପକତା
ଗଭୀରତା ଛୁଇଁ ଯାଏ
ଆସିଯାଏ ତୁଷାର ଶିଖର
ନିଜ କଳ୍ପନାରେ
ମିଶିବାକୁ ଆକାଶର ସାଥେ ।।

ଏଠି ସାଗର ବୁଝେ
ସମସ୍ତଙ୍କ ଅଳି ଅଭିଯୋଗ
ନିଜ ଧର୍ମରେ ଥାଏ ସେ ଅଟଳ
ଯୁଗ ଯୁଗ ଧରି ।।

କେବେ ଯଦି ଦେଖେ କିଛି
ତ୍ରୁଟିର ସଙ୍କେତ
ଫେରିଯାଏ ଟିକିଏ ପଛକୁ
କିମ୍ବା ଆସେ ମାଡି
ବେଳା ଭୂମି ଡେଇଁ ।।

ଇଚ୍ଛା ମୃତ୍ୟୁ

ତ୍ରୁଟି ମାନଙ୍କର ଇଚ୍ଛା ମୃତ୍ୟୁ
ଏବଂ ଭୟ ମାନଙ୍କୁ
ବିତାଡିତ କରିବା ସମୟେ,
ହୁଏ ଦୃଷ୍ଟି ଗୋଚର
ଦୂରନ୍ତ ଶିଖର
ଲକ୍ଷ୍ୟର ଝଲକ
ଚାଲିବାର ଶକ୍ତି
ହୁଏ ଦ୍ୱିଗୁଣିତ,
ଅନ୍ଧକାର ଯାଏ ଦୂରେ
ନୂତନ ଉଷାର
ମାର୍ମିକ ପରଶେ ॥

ମରୁଗୋଲାପ

ମରୁଗୋଲାପଟି ପରି
ଆଶା ଓ ଆଶଙ୍କାର
ପରିଧି ମଧ୍ୟରେ
ହୁଏ ଚାଲିବାକୁ ॥

ଉତପ୍ତ ବାଲୁକା ସହ
ଧୂଳିଝଡ କେବେ
କରେ ହନ୍ତସନ୍ତ
ହଠାତ୍ ଆଶିଷ ରେଣୁ
ଝରିଆସେ କେଉଁ
ନିରବ ମୁହୂର୍ତ୍ତେ,
ଧୋଇ ନେଇ ସବୁ
ବେଦନାର ଦାଗ ॥

ସକାଳ ଓ ସନ୍ଧ୍ୟା

ସକାଳ ସବୁ
ଆଶା ଓ ଆକାଂକ୍ଷା ସହ
କର୍ମ ପ୍ରବଣ ହୋଇ
ରହିଥାନ୍ତି ବ୍ୟସ୍ତ ।।

ଫୁଲର ହସରେ ହୁଏ ମର୍ମସ୍ପର୍ଶୀ
ମଧ୍ୟାହ୍ନର ବେଳା
କୋଇଲି ଗାଏ ଗୀତ
ଅନ୍ୟର ଆଘାତ
ଧୋଇନିଏ ଧୀର ସମୀରଣ ।।

ହେବା ପାଇଁ ଧ୍ୟାନସ୍ଥ
ସଂଧ୍ୟା ଆଣିଦିଏ
ସ୍ୱଚ୍ଛ ଗାଲିଚା ।।

ଯାଏ ନେଇ
ସ୍ୱପ୍ନିଳ ସହର ଆଡକୁ ।।

ପ୍ରତିକ୍ରିୟା

କ୍ରିୟା ପ୍ରତିକ୍ରିୟା ମଧ୍ୟରେ
ଦିନ ଗଣି ଗଣି
ଚାଲିବା ଅଭ୍ୟାସ
କେତେ ଦୂର ନେଇଯିବ
ଜଣା ନାହିଁ ।।

ଅସୀମ ନିରବତା
ସହନଶୀଳତା ଅଭ୍ୟାସ
ଆଣିଦେବ ନିଶ୍ଚୟତା ।।

ଆକାଶର ଗମ୍ଭୀରତା
ସାଗରର ଗଭୀରତା
ଆସୁ ଯେତେ ଝଡ
ନିଜ ଅନ୍ତରରେ
ଶାନ୍ତିର ରାଜତ୍ୱ ।।

ଉପସ୍ଥିତି

ଆପ୍ଳୁତ କରେ
ଆବାହନ ମନ୍ତ୍ର
ଶାନ୍ତି ବିରାଜିତ
ସମଗ୍ର ମଣ୍ଡଳେ ।।

ଅଭୀପସାର ଆନନ୍ଦ ସହିତ
ଚିନ୍ତା ସବୁ ନିଅନ୍ତି ମେଲାଣି
ମାନସପଟରୁ,
ଯାଏ ଭରି ପ୍ରାଣେ
ଦିବ୍ୟ ଆବେଗ ଧାରା
ଅସୀମତା ପଡେ ଝରି
ସୀମିତତା ମଧ୍ୟେ ।।

ସ୍ୱର

କେଉଁ ଏକ ଅଜ୍ଞାତ ନଦୀର
ନିକାଂଚନ ତୀର ପାଶ୍ବୁ,
ଗୀତଟିଏ ଭାସି ଭାସି ଆସେ
କେତେ ବ୍ୟଥାତୁର
ଲାଖିଯାଏ ହୃଦୟ କନ୍ଦରେ ।।

ବ୍ୟଥା ସବୁ କେବେ
ଆଖି କୋଣେ ଅଶ୍ରୁବିନ୍ଦୁ
ପ୍ରାଣରେ ସ୍ପନ୍ଦନ ହୋଇ
ଆସିଯାଇଥାନ୍ତି ।।
ସମବେଦନାର ସ୍ୱରଟିଏ ହୋଇ
ରହିଯାଏ ଶୁଭେଚ୍ଛା ଯେତେକ ।।

ଫିଙ୍ଗି ଦେଇ
ନିଜ ବେଦନାକୁ
ନଈର ସୁଅରେ
ବଂଚିବାକୁ ହୁଏ
ଉଦାସୀନ ଭାବେ ।।

ବ୍ୟଥା

ଆଜି ଖାଲି ବ୍ୟଥାର ସଙ୍ଗୀତ
ଶୁଣାଯାଏ ଚଉଦିଗୁ
କରି ମର୍ମାହତ ॥

ନିରବ ସନ୍ଧ୍ୟାଟି
ଅଜଣା ସନ୍ଦେଶ ନେଇ,
ଦ୍ୱାର ଦେଶେ
କରେ ଯେ ଆଘାତ ॥

ପ୍ରକୃତି ଯେପରି
ବର୍ଷା ଭିଜା ରଜନୀ ମଧ୍ୟରେ
ଢାଳି ଦିଏ ସଂଚିତ
ଅଶ୍ରୁ ଯେତେ
ଜଣା ନାହିଁ କାହା ପାଇଁ
ବୁଝିବା କଠିନ ॥

ବିଳାପ

ନିଶାର୍ଦ୍ଧର ବିଳାପ ମଧ୍ୟରେ
ନିଜେ ଶୁଣେ ନିଜ ପ୍ରତିଧ୍ୱନୀ,
ଇଚ୍ଛା ହୁଏ ଯିବା ପାଇଁ
ସାଗର ଆଡକୁ
କିଛି ବ୍ୟଥା
ଅଜାଡି ଦେବାକୁ,
କରିବାକୁ ଏକତ୍ରିତ
ଊର୍ମିମାଳାର ଶୁଭେଚ୍ଛା ।।

ଏଠି ସମ୍ପର୍କ ସବୁ
ପ୍ରତ୍ୟାଶା ନେଇ ହୁଅନ୍ତ ବଳିଷ୍ଠ,
ନିରବରେ କରେ ଆରୋହଣ
ପ୍ରାର୍ଥନାର ପାହାଡ ଆଡକୁ,
ନେଇ ମନେ
ସମସ୍ତଙ୍କ ପାଇଁ
ସଦିଚ୍ଛାର ଉପହାର।।

ଅନ୍ତରର ସ୍ତିମିତ ଆଲୋକେ
କଳ୍ପନାରେ ଆସେ
ଅନେକ ଜନ୍ମର କଥା
ସମ୍ପର୍କର ସେତୁ ସବୁ

ଯାଇଅଛି ଲମ୍ବି
ସୁଦୀର୍ଘ ଅତୀତରୁ
ଅନାଗତ ଭବିଷ୍ୟତ ଯାଏ ॥

ଭସା ମେଘ

ସମ୍ମୋହନ ମନ୍ତ୍ର ନେଇ
ଭାସିଚାଲ ମେଘ ତୁମେ
ଆକାଶ ଟା ଦିଅ ଭରି
ବୃଷ୍ଟି ଭରା ଭାବନାର ସାଥେ ।।

ଯାଦୁକର ପରି ତୁମେ
ଖୋଲିଦିଅ କେତେ
ଇନ୍ଦ୍ରଜାଲ ପେଡି
ନିଳୀମା ଉଭାଇ ନିଅ
ଆଖି ସାମନାରୁ,
ଆକାଶଟା ହୋଇଉଠେ
ତୁମରି ରାଇଜ ।।

ତୁମର ଏ ଆଗମନେ
ଅଦିନିଆ ଶୀତଳ ସମୀର
ଗାଇଚାଲେ
କେତେ ଗୀତ
ଦୁଃଖ ସବୁ ଭାସିଯାଏ
ଆନନ୍ଦ ଧାରାରେ ।।

ଆସକ୍ତି

ଶକ୍ତିହୀନ କରିବାକୁ ଆସି
ଆସକ୍ତି ଜାବୁଡ଼ି ଧରନ୍ତି
ଆଖି ଥାଇ ଦିଶେ ନାହିଁ ବାଟ
ଦିବାଲୋକେ ଯାଏ ଘୋଟି
ତମସାର ଛାୟା ।।

ଦୁଃଖ ମାନେ ପଶ୍ଚାତରୁ ରହି
କରୁଥାନ୍ତି ଉପହାସ
ନିର୍ବୋଧ ମଣିଷର
ହଟହଟା ଦେଖି ।।

ଆସକ୍ତି ସବୁକୁ
ସଯତ୍ନରେ ପାଳି ପୋଷି
ବଳବାନ କରି
କ୍ଷୟକ୍ଷତି କରିବାର
ସାମର୍ଥ୍ୟକୁ
ଦ୍ୱିଗୁଣିତ କରିବାର ମୂଲ୍ୟ
ଅତିବ ଦାରୁଣ ।।

ଝଡ଼

କେତେବେଳେ ମୃଦୁମନ୍ଦ
ଆଉ କେବେ
ପଥଚଲା କରେ ବ୍ୟତିବ୍ୟସ୍ତ
ହତାଶାର ଘନଘଟା
ଆଣେ ପ୍ରତିରୋଧ।।

ଝଡ ଯେତେ ଆସେ ଯେ କାହିଁକି
ଅନେକ କାରଣ
ନିଦାନ ସୀମିତ
ସବୁକିଛି ଲକ୍ଷଣର
ଅନୁଶୀଳନଟି
ଦେଇଥାଏ ନିଜଆଡେ
ଅଙ୍ଗୁଳି ନିର୍ଦ୍ଦେଶ।।

ଝଡ ସାଥେ ଚାଲିବାରେ
ଅନେକ ବିପତି
ଚାଲିବାକୁ ହେବ
ଝଡର ଉର୍ଦ୍ଧ୍ୱରେ,
ଅନୁଭୂତି ହେଲେ ପରିପକ୍ୱ
ଝଡ ହୁଏ ବାଧ୍ୟ ଶିଶୁଟିଏ।।

ବ୍ୟସ୍ତତା

ନିଜ ସହିତ ନିଜେ
ବେଳ ବିତାଇବାର
ବ୍ୟସ୍ତତା ମଧ୍ୟରେ
ଆଉ ଜଣେ କିଏ
ଇଙ୍ଗିତ ଦିଏ
ନଜର ଦେବାକୁ
ନିଜ ଭିତରକୁ॥

ସୂର୍ଯ୍ୟଙ୍କ ଗତି ସହ
ଦିନଚର୍ଯ୍ୟାର ସମୟ
ପରିଚିତ ପୁସ୍ତକର
ପୃଷ୍ଠା ଓଲଟାଇ
ଖୋଜି ବୁଲେ ସେହି ସାଥୀ
ଅନ୍ତରତମ ଜଣେ॥

ଶବ୍ଦ ଓ ସୁଷମାର ପରିଧୀ ଉର୍ଦ୍ଧ୍ୱରେ
ବନ୍ଧୁଟିଏ ସିଏ
ଦେଇଚାଲେ ସ୍ୱତଃ
ସାନ୍ତ୍ୱନା ଅନେକ
ହେବା ପାଇଁ ସମ୍ମୁଖୀନ
ଆହ୍ୱାନ ଯେତେକ॥

ଦେବଦାରୁ

ଦେବାଦାରୁର ସ୍ମିତ ହାସ୍ୟ ମଧ୍ୟରେ
ଅପରାହ୍ନ ହୋଇଉଠେ
ପ୍ରେରଣାରେ ପରିପୂର୍ଣ୍ଣ ।।

ଧୀର ସମୀର ସହ
ପ୍ରଖର ସୂର୍ଯ୍ୟ ଙ୍କୁ
ପ୍ରାର୍ଥନା କରେ
ହେବାକୁ ସଦୟ ।।

ଗ୍ରୀଷ୍ମ ଯେପରି ଦେଇଚାଲେ
ଆଶା ଓ ଆବେଗ ।।

ଶାନ୍ତ ଆକାଶ
କରେ ସହଯୋଗ
ଭାବନାରେ ବୁଣିଦେଇ
ସୂକ୍ଷ୍ମ ବୀଜ ଯେତେ
ସମସ୍ତଙ୍କ କଲ୍ୟାଣ ନିମନ୍ତେ ।।

କୁସିନାରା

ଶାଳବଣ କହିଯାଏ କଥା
ଅନେକ ଗୁମର
ମହାନିର୍ବାଣର ରହସ୍ୟ ଯେତକ ॥

ତୁମେ ବାଛିଥିଲ ଅନୁପମ ସ୍ଥାନ
କିମ୍ବା ଆମନ୍ତ୍ରିତ ହୋଇ ଆସିଥିଲ
ରଖିବାକୁ ଇତିହାସ ଲାଗି
ଆଉ ଏକ
ସୁବର୍ଣ୍ଣ ଅଧ୍ୟାୟ
ଯାହା ଆଜି ରହିଅଛି ସାକ୍ଷୀ
ଯୁଗ ଯୁଗ ଲାଗି
ସମସ୍ତଙ୍କ ପାଇଁ ॥

ଉଦାସୀନ ପଥ

ଉଦାସୀନତାର
ଏହି ପଥ ଧାରେ
କେତେ ତରୁଲତା
ମଣିଷର ପାଦଚିହ୍ନ
ଅଜଣା ପକ୍ଷୀର ଗୀତ
ମର୍ମ ଭେଦୀ ସ୍ୱର ॥

ସମସ୍ତେ ଚାହାଁନ୍ତି
ନିଜ ନିଜ ଭାବନାରେ
ଛାପଟିଏ
ରଖିଯିବା ପାଇଁ
କ୍ଷଣକ ନିମନ୍ତେ ॥

କାହିଁକି ବା ଆନମନା ହେବାକୁ ପଡିବ
ଲକ୍ଷ୍ୟ ଅଛି ବହୁ ଦୂର
କ୍ଲାନ୍ତି ସବୁ ଯାଏ ଦୂରେ ଦୂରେ
ଅଜ୍ଞାତ ପରଶେ ॥

ଊର୍ମି

କହେ କେତେ କଥା ଊର୍ମି
କେବେ କେବେ ଅସ୍ଥିର ମନା
ଅବା ଧୀର ଶାନ୍ତ
ହୋଇଉଠେ ଗମ୍ଭୀର
ଦାର୍ଶନିକ ପରି
ବାଲୁକା ରାଶିର
ନିରୋଳା ଆବେଗ ।।

ଲାଗେ ଖୁବ୍ ଅସଜଡା
ପାଦଚିହ୍ନ କେତେ
ସ୍ମୃତିର ଛାପ ସହ
ରହିଥାଏ ଚେଇଁ
ହୃଦୟ ମଧ୍ୟରେ ।।

ସମୀର ସଙ୍ଗୀତ

ବେଳାଭୂମି
ବାଲିଘର
ଶାମୁକା
ନାଲି କଙ୍କଡା
ଝାଉଁବଣ ।।

ସମୁଦ୍ର ଗର୍ଜନ
ପୁନେଇ ଜହ୍ନ
ମିଶ୍ର କୋଳାହଳ
ଉଦାସୀନ ଆବେଗ ।।

ବିସ୍ମୃତ ସ୍ମୃତି
ସାଗରର ସ୍ପର୍ଶ
ଅନ୍ୟମନସ୍କତା ।।

ଫେରିବାର ବେଳ
ପଛକୁ ଚାହିଁବା
ଦୁଃଖ ଭୁଲିବାର
କିଛି ଉପାଦାନ
ଏସବୁ ନେଇ

ପୁଣି ଦ୍ୱନ୍ଦ
ଦୋଛକି
ହୁଏ ପାରି ॥

ସାଗର ପ୍ରକୃତିସ୍ଥ କରେ
ହାତ ବଢାଇ
ଦିଏ ସାନ୍ତ୍ୱନା ॥

ସମ୍ପର୍କ

ଶୀତ ସକାଳର
ଶିଶିର ବିନ୍ଦୁ ପରି
ସମ୍ପର୍କ ସବୁ
ବେଳେବେଳେ
ହଠାତ୍ ଉଭେଇ ଯାଆନ୍ତି,
ବୁଝାମଣା ଜନିତ
ଦୀର୍ଘକ ଖରାରେ ।।

ମାତ୍ର ସ୍ମୃତି କାହାରିକୁ
କରେ ନାହିଁ ପାଖଛଡା ।।

ଜୀବନ ଯାଏ ବିତି
ସ୍ମୃତିର ପୃଷ୍ଠା ଓଲଟାଇ
ଖୁସି କିମ୍ବା
ଦରଦ ଭରା ଗୀତଟିଏ
ଗୁଣୁଗୁଣୁ ଗାଇ ।।

କେତେବେଳେ ଅଶ୍ରୁ
ଆସେ ନୀରବରେ
ଆଉ କେବେ ଅଜାଣତେ
ଯାଏ ବହି ହୃଦୟକୁ
କରି ବିଦାରିତ ।।

ଅଳିକତା ନେଇ ବଂଚିବାରେ
ସୁଖ ପାଏ ମଣିଷ
ପୁନଶ୍ଚ ବିଚ୍ଛେଦ କିମ୍ବା
ଅଭିମାନର ହୁଏ ଦ୍ୱାରସ୍ଥ
ଜାଣିବାକୁ ଜୀବନ ଓ
ଯନ୍ତ୍ରଣା ସ୍ୱରୂପ ।।

ପଡେ ମନେ ଶେଷରେ
ଚିରନ୍ତନ ସତ୍ୟ ଏବଂ
ଅନ୍ତରସ୍ଥ ବନ୍ଧୁ କଥା
ଯିଏ ଥାଏ ରହି
ଆମ ସହ
ଜନ୍ମ ଜନ୍ମାନ୍ତର ।।

ପ୍ରତିଶ୍ରୁତି

ସହଯୋଗର ହାତଟିଏ
କେଉଁଠୁ ଆସେ
କିପରି ଆସେ
କାହିଁକି ଆସେ
ପଡେ ନାହିଁ ଜଣା ।।

କାହାଠାରୁ ତୁଚ୍ଛା ପ୍ରତିଶ୍ରୁତି
ଆତ୍ମୀୟତା ଶୂନ୍ୟ
ଆଉ କିଏ ବାହାନା ବନାଇ
ଦିଏ ଶୂନ୍ୟ ସାନ୍ତ୍ୱନା
କିଏ ପୁଣି ଭୁଲି ଯାଏ
ପ୍ରତିଶ୍ରୁତି କଥା ।।

ସେତେବେଳେ ହୁଏ ଅନୁଭୂତ
ଯୋଡିଏ ହାତ ର ପରଶ
ଯାହା ଲାଗେ ମହନୀୟ
ଅନ୍ତରରୁ ଆଣିଦିଏ ଆଶା
ବାଧାବିଘ୍ନ ପାରି ହୋଇ
ଚାଲିବାର ସାହାସ ବଢାଏ ।।

ବହୁଦୂର ନିରଞ୍ଜନା

ନଦୀ ନିରଂଜନା
କାହିଁ କେତେ ଦୂର
ସମସ୍ତ ଦୁଃଖର
ନିଦାନ ଅପେକ୍ଷା ।।

ଏ ଯାତ୍ରା ଆରମ୍ଭ ହେବାରେ
ପ୍ରସ୍ତୁତି ସହଜ ନୁହଁ
ପ୍ରିୟଜନମାନଙ୍କୁ
ଛାଡି ଚାଲିଯିବା
ଅନେକ କଠିନ ।।

ନିଜ ଭିତରେ ଥିବା
ଅପ୍ରିୟ ପ୍ରକୃତିମାନଙ୍କୁ
କିପରି ବିଦାୟ ନେବି
ଭାବି ପାରୁନାହିଁ ।।

ଯେତେ ଆସକ୍ତି ଓ ଆବେଗ
ନିଜ ସହିତରେ ନେଇ
ଏ ଯାତ୍ରାଟି ଏକାନ୍ତ ଦୁସ୍ତର
କିନ୍ତୁ ନିର୍ବାଣର ମହାନତା
ମାଟିର ଆକର୍ଷଣ ଠାରୁ
ମନେ ହୁଏ ଗହନ ।।

ନିରବ ମୂହୁର୍ତ୍ତ

ନୀରବ ମୁହୂର୍ତ୍ତ ମାନେ
କଥା କହନ୍ତି ଯେବେ
ମୋ ସହିତ ଏକାନ୍ତରେ,
ହୋଇଯାଏ ଶାନ୍ତ
ଦ୍ରୁତ ହୃଦ୍ ସ୍ପନ୍ଦନ ॥

ଚକ୍ଷୁ ଅର୍ଦ୍ଧନିମିଳିତ
ଖେଳିଯାଏ ମନେ
ଆଲୋକ ଦୀପ୍ତ କେତେ
ତରଙ୍ଗର ମାଳା ॥

ଜୀବନ ଓ ଜଗତ
ଊର୍ଦ୍ଧ୍ୱସ୍ଥ ସତ୍ୟ ସବୁ
ହୁଏ ପ୍ରତିଭାତ ॥

ସାକାର ଓ ନିରାକାର
ପରିସୀମା ଦେଇ
ବିନ୍ଦୁ ଓ ସିନ୍ଧୁ ମଧ୍ୟରେ
ରହେନା ପ୍ରଭେଦ ॥

କେବଳ ଶାଶ୍ୱତର
ସନ୍ଦେଶ କଣିକା
ଛୁଇଁ ଯାଏ ତେବେ,
ଦିଗ୍‌ବଳୟ ବ୍ୟାପି
ପୂର୍ଣ୍ଣତାର ପରିଭାଷା ॥

ମୁଁ ଓ ତାଙ୍କ ମଧ୍ୟରେ
ପ୍ରଭେଦ ପ୍ରାଚୀର ଯେତେ
ଯାଆନ୍ତି ଉଭେଇ ॥

ତୁମେ

ଶବ୍ଦଟିଏ
ମନ୍ତ୍ରଟିଏ
ଲକ୍ଷ୍ୟଟିଏ
ପଥଟିଏ
ମିତ୍ରଟିଏ
ସାଥୀଟିଏ
ସବୁକିଛି
କେବଳ
ତୁମେ ॥

ପ୍ରିୟ ଗାଁ

ପ୍ରିୟ ଗାଁ
ବୁଢ଼ା ବରଗଛ
ପକ୍ଷୀନୀଡ
ଶାବକ ସମୂହ
ଏବଂ
ସ୍ମୃତିର ଆଇନା ॥

ଶୁଷ୍କ ନଦୀଧାର
ଗୁଲ୍ମର ବଗିଚା
କ୍ଲାନ୍ତ ଅପରାହ୍ନ ॥

ଅସ୍ତଗାମୀ ସୂର୍ଯ୍ୟ
ବଳାକାଙ୍କ ସମାବେଶ
ଶଗଡର ଶବ୍ଦ ॥

ତୁଳସୀ ଚଉରା ମୂଳ
ଗୃହିଣୀର ସଂଜବତୀ
ଦେବାଳୟେ ପୂଜାର୍ଚ୍ଚନା ॥

ସ୍ମୃତି ସଦା
ସରଳରେଖାରେ
ଗତି କରେ ଏଠି
ଯାଏ ଛୁଇଁ
ହୃଦୟର କେଉଁ
ଦରଦୀ ଗହ୍ୱର ॥

କାଶତଣ୍ଡୀ

ଶରତ ଆଗମନ
କାଶତଣ୍ଡୀ ସମ୍ଭାର
ପାର୍ବଣର ପ୍ରତିଧ୍ୱନୀ ॥

ସ୍ୱଚ୍ଛ ନଦୀଧାର
ମନ ଛୁଆଁ ଆକାଶ
ଶ୍ୟାମଳ ଶସ୍ୟକ୍ଷେତ୍ର ॥

ବଳାକାର ଶୋଭାଯାତ୍ରା
ଚନ୍ଦ୍ରମାର ରୂପ କାନ୍ତି
ଆଶା ଓ ଆବେଗ
ଆଣେ ଆଲୋଡନ ॥

ପୁରପଲ୍ଲୀ ଶୋଭା
ସୁଷମାର ପ୍ରଦର୍ଶନୀ,
ଚଉଦିଗୁ ଭାସିଆସେ
ଆବାହନୀ ଗୀତ ସ୍ୱର
ମହକାଇ ମନ ଓ ହୃଦୟ ॥

ରୂପ ଓ ଅରୂପ ଜିଣି
କିଏ ଜଣେ ଦିଏ ଭରି
ମହନୀୟ କେଉଁ ଏକ
ଶକ୍ତିର ସମ୍ଭାର
ଶାଶ୍ୱତର ମନ୍ତ୍ର ସାଥେ ॥

ଆକାଶ ଅନୁରାଗ

ଆକାଶ ତୁମେ ସୀମାହୀନ ଶୂନ୍ୟତା
କିନ୍ତୁ ସମ୍ପୂର୍ଣ୍ଣ ନୂତନ
ପ୍ରତି ମୂହୁର୍ତରେ
ପ୍ରତ୍ୟେକଙ୍କ ପାଇଁ ।।

ନୀଳିମାର ଆଭରଣ ସହ
ମେଘର ମୁକୁଟ ପିନ୍ଧି
ସୁଷମାକୁ କର ଦ୍ୱିଗୁଣିତ ।।

ପୁଣି କେବେ ବିଜୁଳି ଓ ବଜ୍ର ସାଥେ
ଚମକାଇ ଦିଅ ମଧ୍ୟାହ୍ନ ସମୟେ
ରାତ୍ରୀରେ ହୁଅ ତାରା ଭରା
ପୁର୍ଣ୍ଣିମାର ଜହ୍ନ ନେଇ କେବେ
ଆଣିଥାଅ ଭାବନା ଜୁଆର ।।

ଦିଅ ସାନ୍ତ୍ୱନା
ଭଲ ପାଏ ଯିଏ
ଭାବୁକଙ୍କୁ ଯୋଗାଅ ପ୍ରେରଣା
କବି ଓ ଲେଖକ ମାନଙ୍କୁ
କର ପ୍ରୋତ୍ସାହିତ ।।

ଅନ୍ତର୍ମୁଖୀ ସାଧକ ବୁଝି ଥାଏ
ଜୀବନଦର୍ଶନ,
ନିରୀକ୍ଷଣ କରି
ଯେ ତୁମକୁ॥

କେତେ ଜାତି ମେଘମାଳା
ଭାସମାନ ତୁମ ପରିସରେ
ମିତ୍ର ଓ ମାର୍ଗଦର୍ଶୀ ହୋଇ
ଜୀବନର ପ୍ରତିଟି ଛକରେ॥

ବାଟ ଦେଖାଅ ତୁମେ
ଆଗକୁ ଚାଲିବାର
ସଙ୍କେତ ସହିତ॥

ମୌନ ଅପରାହ୍ନ

ଅପରାହ୍ନ ସବୁ
ନୀରବତାର ନିନାଦରେ
ହୋଇଉଠେ ଗମ୍ଭୀର,
ଶୁଷ୍କ ନଦୀର
ବାଲୁକା ଶଯ୍ୟାରେ
ପୂର୍ଣ୍ଣତାର ସୂର୍ଯ୍ୟ
କରୁଥାନ୍ତି ରଶ୍ମି ବିତରଣ ।।

ନଦୀ ଏବେ ଶୁଷ୍କ
ତା ସହିତ ମନ
ତନ୍ଦ୍ରା ବିହୀନ
ପଥଚାରୀର
କ୍ଳାନ୍ତି ଓ ନିଃସଙ୍ଗତା ନେଇ ।।

ଆଶା ନିରାଶାର
ଅର୍ଥ ସବୁ
ହୁଏ ପରିବର୍ତ୍ତିତ
ପ୍ରତି ମୂହୁର୍ତ୍ତରେ ।।

ଭାବିବାକୁ ତୁମ କଥା
କିଏ ଅଛି ପାଶେ

ନଦୀପଠା ସ୍ଥିତ
ବଟବୃକ୍ଷ ବ୍ୟତୀତ ॥

କିନ୍ତୁ ଆଜି
ପଡେ ମନେ
ଅନେକ ବିସ୍ମୃତ ସ୍ମୃତି
ବାଲୁକା ଆବେଗ ଏବଂ
ନଦୀର ମମତା ନେଇ ॥

ଆକାଶ ନଦୀ ଓ
ଦୂର ବନାନୀ ମଧ୍ୟରେ
ପାଏ ଖୋଜି
ଜୀବନର ସଂଜ୍ଞା ସହ
ଆହୁରି ଅନେକ
ପ୍ରଶ୍ନର ଉତର ॥

ମୃଗତୃଷ୍ଣା

ମୃଗତୃଷ୍ଣା ଏବଂ ମରୁବାଲିର କଥା
ଭାବନାରେ ଆସେ ବାରମ୍ବାର
କ୍ଳାନ୍ତ ପଥିକ ପାଇଁ
ସବୁକିଛି ଆଣିଦିଏ ଆଶା ।।

ବୁଡି ଯାଉଥିବା ଲୋକ ସମ
କୁଟାଖିଅକୁ ଆଶ୍ରୟ କରି
ବଂଚିବାର ରାହା ଖୋଜେ ।।

ସୀତା ପୁଣି ମାୟା
ମିରିଗ ଲାଗି
ବନ୍ଦୀ କରନ୍ତି ନିଜକୁ,

ତୃଷ୍ଣା ଏଥିପାଇଁ ଦାୟୀ
କିମ୍ବା ଛନ୍ଦି ହେବାର ଇଚ୍ଛା
ଠିକ୍ ବୁଝି ହୁଏନା ।।

ପଥିକଟି ଚାଲୁଥାଏ କିନ୍ତୁ
ବାଧାବିଘ୍ନ ପାର ହୋଇ
ଆଗକୁ ଆଗକୁ ।।

କେତେବେଳେ ପୁଣି ଅଜାଣତେ
ପ୍ରତିବନ୍ଧକର ପ୍ରାଚୀର
ତୋଳେ ନିଜ ପାଇଁ ।।

ସଂକ୍ଷିପ୍ତ ଭାବନା

ଛନ୍ଦ ତୋଳେ ଝରଣାଟି
ସ୍ମୃତିର ପଲକେ
ଭାବନାର ମୋହ ନେଇ
ପକ୍ଷୀ କାକଳି ସାଥେ ।।

ଅଳସ ସନ୍ଧ୍ୟା
ପଦଚିହ୍ନ କେତେ
ଦୁଲ ପାହାଡର ଦୃଶ୍ୟ
କିଛି ଜୀବନ ଓ
ଦର୍ଶନର ଛାପ ।।

କ୍ଳାନ୍ତିର ଆଗମନ
ଫେରିବାର ପ୍ରତିଶ୍ରୁତି
ସାଣିତ କରେ
ଅନୁଭୂତି ଧାର
ଗତିଶୀଳ ସମୟ ସହିତ ।।

ଚିଠି ଲେଖେ ଜଳଧାରା
କେତେ କଥା
ମନେ ପକାଇ
ରାଣ ଦେଇ କହେ

ଆସିବାକୁ ପୁନଶ୍ଚ
ଚିତ୍ରସବୁ ମନ ଫରୁଆରେ
ରହେ ସାଇତା
ଜଣା ନାହିଁ କାହା ପାଇଁ
କିଏ ବା ପାଇବ ଖୋଜି
ଅବଚେତନାର କୋଠରୀ ଭିତରୁ ॥

ଚିଲିକା ଚିନ୍ତନ

ଊର୍ମୀ ଓ ଅସ୍ତଗାମୀ ସୂର୍ଯ୍ୟ
ଆକାଶକୁ ଅନାଇ ଅନାଇ
ସୃଷ୍ଟି ହୁଏ ଶବ୍ଦକୋଷ କେତେ
ଦୂର ଦିଗବଳୟେ ॥

ଜଳରାଶି ଦିଏ ଆଣି
ଭାବନା ତରଙ୍ଗ
ନୌକାର ଗତିବେଗ ସହ ॥

ପ୍ରଶ୍ନବାଚୀର ଆରମ୍ଭ କେଉଁଠି
ଉତରର ସଠିକତା ନେଇ
ରହିଯାଏ ଅମୀମାଂସିତ
ସ୍ମୃତିର ପରିସରେ ॥

ଆଜିର ସୂର୍ଯ୍ୟାସ୍ତ ଏଠି
ଆଗାମୀ କାଲିର ସୂର୍ଯ୍ୟୋଦୟ
ଦୃଶ୍ୟ ହେବ କେଉଁଠାରେ
କହିବା କଠିନ ॥

ଢେଉମାନେ ବ୍ୟସ୍ତ
ନିଜ ସ୍ୱଭାବରେ
ଅସ୍ଥିର ମନା ମନ
ଭିନ୍ନ କାରଣରୁ ।।

ଚିଲିକା ବି
ରହେ ପ୍ରତୀକ୍ଷାରେ
କେବେ ହେବ ଦୂରାଗତ

ପକ୍ଷୀ ଆଗମନ
ସମୟ ପାଖରେ
ସବୁକିଛି ସହଜ
କିନ୍ତୁ ଅପହଂଚ
ମଣିଷ ନିମନ୍ତେ ।।

ମୁହୂର୍ତ୍ତ

ଏକ ମୁହୂର୍ତ୍ତ ଆସେ
ଦିବସ ମାସ ବର୍ଷ
ଅତିକ୍ରାନ୍ତ ଯାଏ ହୋଇ
ପୁନଶ୍ଚ ନୂତନତା ନେଇ
କରାଏ ସଚେତନ
ନିରବତାର ଆବରଣ
ଆବାହନୀ ଆକୁଳତା ନେଇ ।।

ମନକୁ ରଖେ ନିରବ
ହୋଇଯାଏ ପ୍ରାଣ ଶାନ୍ତ
ସେ ମୁହୂର୍ତ୍ତ କହେ କଥା
ପ୍ରଦୀପ୍ତ ଭାଷାରେ ।।

ଆକାଶ ଆଇନାରେ
ପୂର୍ଣ୍ଣତାର ଝଲକ
ମିଳେ ଯେବେ
ହୁଏ ହ୍ରାସ
ପ୍ରତ୍ୟାଶାର ଛାୟା ।।

ନିଏ ଜନ୍ମ
ଅଭିନବ ସମ୍ଭାବନା
ସାହାସର କବଚ ସହିତ ॥
ଛୁଇଁବାକୁ ଲକ୍ଷ୍ୟର ଶିଖର ॥

ଭଗ୍ନ ପ୍ରାଣ

ଭାଙ୍ଗି ଭାଙ୍ଗି ଯାଉଥିବା
ପ୍ରାଣକୁ ମୋହର
ଦେଇ ଆଶ୍ୱାସନା
ତୁମେ ଯେ କାହିଁକି
ଯୋଗାଅ ପ୍ରେରଣା
ଆଗକୁ ଯିବାର ॥

ତୁମ ଶକ୍ତି ସାହସ ବଳରେ
ନେଇ ସଙ୍ଗରେ ସମୟକୁ
ଚାଲିବାର ଅନୁଭୂତି
କର ଯେ ଅନନ୍ୟ ॥

ବାନ୍ଧି ରଖିବାକୁ
ବନ୍ଧୁ ପରିଜନ
ଶତ୍ରୁ ମିତ୍ର ଏକ ସାଥେ
ତୁମରି ଡୋରୀରେ
ଶ୍ରଦ୍ଧାର ବିନିମୟେ
କରିବାକୁ ସମସ୍ତଙ୍କୁ
ତୁମ ଅନୁଗାମୀ

ଏ ସଂକଳ୍ପ ନେଇ ଯେବେ
ଚାଲିବାକୁ ଚାହେଁ
ହୃଦୟରେ ରଖି
ତୁମ ସ୍ନେହାଶୀଷ
ସ୍ମିତହାସ ସହ ।।

ବୁଝିବାକୁ ଜୀବନକୁ
ଜାଣିବାକୁ ଜଗତର ରହସ୍ୟ
ଜିଜ୍ଞାସାର ଚାବିକାଠି
ଅଛ ଦେଇ
ତୁମେ ଅକୁଣ୍ଠିତେ ।।

କିଏ ତୁମେ ଏତେ ଆପଣାର
ସମସ୍ତଙ୍କୁ ଆପଣାର କରିବାର
ଶିଖାଇଲ କଳା ।।

ଆହ୍ୱାନ

ସକାଳ ଓ ସଂଧ୍ୟା ବେଳା
କଳ୍ପନାର ରଙ୍ଗ ନେଇ
ଦୂର ପାହାଡକୁ
ରହନ୍ତି ଅନାଇ ।।

ନିର୍ବିକାର ଏ ଆକାଶ
ସମୟର ପାବନ୍ଦି ମାନେନା
ରହିଥାଏ ଅବିରତ
ଦିବାନିଶି ଏକାଗ୍ରତା ସାଥେ।।

ବର୍ତମାନର ଆହ୍ୱାନ
ଭବିଷ୍ୟତର କଳ୍ପନା
ଦାନା ବାନ୍ଧେ
ଏ ମନରେ କେଉଁ ଏକ
ଅଜଣା ଦ୍ୱୀପର
ଭାବନା ସହିତ।।

ଡେଣା ମେଲି
ବହୁଦୂରେ ଉଡିବାର
ଅଭିଳାଷ ରହିଯାଏ

ସୁପ୍ତ ହୋଇ
ପ୍ରାଣର ଗହ୍ୱରେ ॥

ବେଳେବେଳେ ଚାଲେ ବାଟ
ଝୁଂଟି ଝୁଂଟି ବହୁବାର
ତଥାପି ଆବେଗମାନେ
ପ୍ରଜାପତି ପରି,

ଖୋଜୁଥାନ୍ତି ମନେ ମନେ
କେଉଁ ଏକ ଉପବନ
ପୁଷ୍ପିତ ପ୍ରାନ୍ତର ॥

ନିଃସଙ୍ଗ ପଥିକ

ଏକା ଏକା ଚାଲିବାର ନିଶା
ବିସ୍ତୃତ ପ୍ରାନ୍ତର ମଧ୍ୟରେ
ତାଳ ଦେଇ ଚାଲିଅଛି
ଶୁଣି ଶୁଣି ନାମ ହୀନ
ପକ୍ଷୀର ସଙ୍ଗୀତ ॥

ବାଧା ଯେତେ ସବୁକୁ ଏଡାଇ
ଚାଲିବାକୁ ହୁଏ ସଦା
ଭାବି ଭାବି
କେଉଁ ଏକ ଦୂରନ୍ତ ଶିଖର
ଏବଂ ଅସ୍ତଗାମୀ
ସୂର୍ଯ୍ୟଙ୍କର କଥା ॥

ପଥ ମୋର ସାଥୀ ଆଜି
ପାଥେୟ ମୋ
ଚାଲିବାର ନିଶା,
କେତେବେଳେ ସନ୍ଧ୍ୟା ତାରା
ଦୂର କରେ କ୍ଲାନ୍ତ.
ଆଉ କେବେ
ନିଦରୁ ଉଠାଏ
ଉଷା ଆବାହନୀ ॥

ବେଳାଭୂମି

କିଛି ଶୂନ୍ୟତା କିମ୍ବା
ଜୀବନ ଦର୍ଶନ
ପୁଣି କେବେ କବିତାର
କଳ୍ପନା ସହିତ
ସ୍ମୃତିରେ ଦିଅ ଆଣି
ଅନନ୍ୟ ସମ୍ଭାର ।।
ଛୁଇଁ ଯାଏ ପାଦ ମୋର ଯେବେ
ତୁମର ସେ
ଅବାଧ୍ୟ ଜୁଆର ।।

ବେଳାଭୂମି କଥା କୁହ
ସାଥେ ମୋର,
ଆଉ ବୁଝ
ପ୍ରାଣର ବେଦନା
ଶାନ୍ତ୍ୱନାର ସନ୍ଦେଶ ଶୁଣାଇ
ଆଣିଦିଅ
ସମତା ଏ ମନେ ।।

ନୀଳ ଯେତେ ଉର୍ମିମାଳା
ଧାଇଁ ଆସେ
କାହିଁ କେତେ ଦୂରୁ

ସ୍ପର୍ଶ କରେ ସଭିଙ୍କ ହୃଦୟ
ବାଲିବେଳା
ଛୁଇଁବା ଆଗରୁ ।।

ପ୍ରଭାତ ସୂର୍ଯ୍ୟର
ପ୍ରଥମ ଝଲକ ସହ
ଆଣିଦିଅ ମନରେ ଆନନ୍ଦ
ପୁନେଇଁ ଜହ୍ନ ଛବି
ତବ ବୁକେ ତୋଳେ କେତେ
ଜ୍ୟୋତ୍ସ୍ନା ଭରା ଛନ୍ଦ ।।

ମନେ ପଡ ବେଳାଭୂମି
ଅବୋଧ ଶିଶୁର
ବାଲିଘର ତୋଳା
ନାଲି କଙ୍କଡାର
ରମଣୀୟ ଗତି ସାଥେ
ରହିଥାଅ ସ୍ମୃତି ଫରୁଆରେ ସଦା ।।

ଲକ୍ଷ୍ମଣରେଖା

ଲକ୍ଷ୍ମଣ ରେଖା ସବୁ
କେତେବେଳେ ଦୀର୍ଘ
ଅଥବା ଅଦୃଶ୍ୟ
ରହିଥାନ୍ତି
ଆବାସର
ଚଉପାଶ ଘେରି ॥

ଅଲିଖିତ ବିଧି କେତେ
ଚାଲିବାର ସମୟରେ
ଦିଅନ୍ତି ସୂଚନା ॥

କିଛି ତ୍ରୁଟି କ୍ଷମଣୀୟ
ଆଉ କିଛି ରହିଯାଏ
ଅନୁଶୋଚନାର
ଗୁପ୍ତ ପେଟୀକାରେ
ସହଯାତ୍ରୀ ମାନଙ୍କର
ଦୃଷ୍ଟି ଅନ୍ତରାଳେ ॥

BLACK EAGLE BOOKS

www.blackeaglebooks.org
info@blackeaglebooks.org

Black Eagle Books, an independent publisher, was founded as a nonprofit organization in April, 2019. It is our mission to connect and engage the Indian diaspora and the world at large with the best of works of world literature published on a collaborative platform, with special emphasis on foregrounding Contemporary Classics and New Writing.

www.ingramcontent.com/pod-product-compliance
Lightning Source LLC
Chambersburg PA
CBHW060620080526
44585CB00013B/920
9781645606543